SERMON FV-
NEBRE FAIT A NAN-
cy, aux obseques & funerailles de feu Mõ-
seigneur, Monsieur François de Lorraine,
Duc de Guyse, en l'Eglise, des Cordeliers,
par l'ordonnance de son Alteze, & de mõ-
seigneur le Duc, presens.

*Par Bernard Dominici, de l'ordre de la saincte
Trinité, & redemption des captifz.*

Omne regnum in se diuisum desolabitur,
& domus supra domum cadet. Luc. xi.

Imprimé à Rheims par Iean de Foigny.

Et se vendent à Paris chez Nicolas Chesneau, rue
S. Iacques à L'enseigne de L'escu de Froben,
& du Chesne verd.

1563.

SERMON FU-
NEBRE FAICT A NAN
cy, aux obseques & funerailles de feu
Monseigneur, Monsieur François de
Lorraine, Duc de Guyse.

*Par Bernard Dominici, de l'ordre de la saincte
Trinité, & redemption des captifz.*

Omne regnum in se diuisum, desolabitur,
& domus supra domum cadet. Luc. xi.

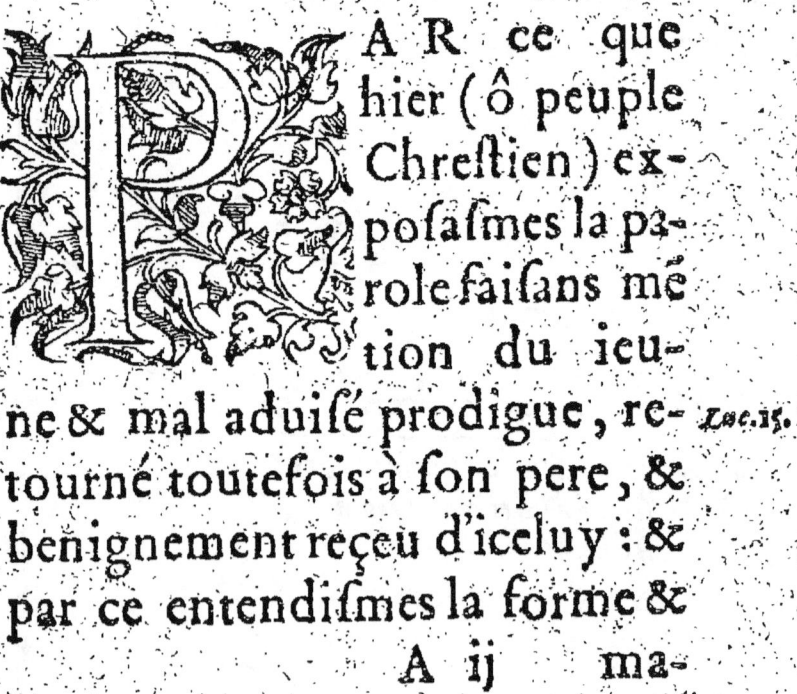

PAR ce que hier (ô peuple Chrestien) exposasmes la parole faisans mention du ieune & mal aduisé prodigue, re- *Luc. 15.*
tourné toutefois à son pere, & benignement reçeu d'iceluy: & par ce entendismes la forme &

A ij ma-

maniere de vraye penitence & entiere conuersion du pecheur, auec la bonté & doulceur de Dieu representée par le pere receuāt son filz à misericorde. En quoy nous voyōs le dire du prophete Ezechiel estre verifié: lequel nous testifie le vouloir de Dieu, estre la conuersion & vie du pecheur, non pas l'obstinatiō & mort: car autrement le veau gras (qui nous represente nostre seigneur Iesus Christ) n'eust point esté tué pour le banquet. Mais il est dit, que Dieu a aimé le monde de sorte, qu'il a liuré son filz vnique pour nous à la mort de la Croix: afin que tout hōme qui croit en luy, ne perisse: ains qu'il

Ezec.13.
S. Ian. 3.
Rom. 8.
Philip. 2.

qu'il ait vie eternelle. Or pour le present, prendrons vne sentence ou deux de l'Euangile du iour d'hier (dimanche troisiesme de Caresme) reserué pour le iour d'huy, qui clairemēt nous monstrera tout Royaume diuisé, venir en desolatiō: & q̃ Iesuschrist n'auoit aucune paction auec Satan, ainsi que calumnieusement les faulx iuifz luy improperoiēt Car il n'est possible que Belial conuienne auec Iesus Christ, disant l'Apostre en la seconde aux Corinthiens, chapitre sixiesme: *Quæ conuentio Christo ad Belial?* 2.Cor.6. Quelle cōuention y a il de Iesus Christ auec Belial? Quelle participation de iustice auec iniqui-tē té: Quelle societé de la lumiere auec les tenebres? ou du fidele auec l'ifidel? Et toutesfois iceluy noſtre Seigneur, qui au doigt de Dieu, c'eſt à dire, en la vertu du ſainct eſprit, chaſſoit les diables. Ayant guary vn demoniacle, muet & aueugle, les Iuifs ont dit, qu'en Beelzebub prince des diables il faiſoit telz ſignes: qu'eſtoit blaſphemer tref-execrablement, côtre la ſapiêce de Dieu, & bonté du S. Eſprit. Et croy qu'à ceſte occaſiô Ieſus leur dit apres *Spiritus blaſphemiæ non remittetur.* L'eſprit de blaſpheme, ou le blaſpheme de l'eſprit, ne ſera remis. Et peu apres: *Qui dixerit verbũ contra ſpiritum ſanctum, non remittetur*

Matt. 12.

S. Matt. 12.

ei

ei in hoc seculo, neque in alio. Qui dira vne parole contre le saint esprit, il ne luy sera pardonné en ce monde, ny en l'autre. Et voila comment tels blasphemateurs, (desquelz le mõde auiourd'huy est reply) sont en dãger de damnation eternelle. Or nostre seigneur rembara viuemẽt les Iuifs par vn parfait syllogisme, leur monstrant, ou qu'il ne iette les diables en la puissance de Beelzebub, ou si par vn diable il iette l'autre, le regne de Sathan est diuisé: & partant prochain de ruine, disant ainsi. *Omne regnum in se diuisum, desolabitur: & domus supra domum cadet.* Tout royaume diuisé en soy, sera desolé: &

A iiij mai

maison sur maison tombera. Car le propre & naturel de diuision, est de ruiner toutes choses, tant fortes & solides qu'elles puissent estre. Au contraire, le propre & naturel d'vnion, est de faire croistre & agrandir les petites choses, iouxte le propos de Saluste: *Cōcordia res paruæ crescūt, discordia verò maximæ dilabuntur.* Or sans nous arrester beaucoup à deduire par le menu l'euersion & destruction des monarchies, tant des Assyriens, que Perses, Grecz & Romains aduenues par diuisions, plustost nous nous arresterons à la tresueritable parole de Iesus Christ, qui dit tout Royaume diuisé venir à desolation

Saluste.

tion. Ainsi aduint il au peuple des Iuifz, que Ieroboã diuisa & retira de Dieu, & les feit pecher de tresgrand peché. Car les enfans d'Israël cheminerent selon les abominatiõs & pechez qu'auoit fait Ieroboã: parquoy Dieu les reietta, & liura aux Assyriẽs, lesquelz furent colloquez es Citez de Samarie, au lieu des enfans d'Israël, ou peu apres vn chacun se forgea tel Dieu, qu'il voulut. Ces choses sont escrites au quatriesme liure des Roys, chapitre dixseptiesme, & au troisiesme chapit. douziesme. Le Prophete Osée bien clairement dit la ruine venir par diuisiõ, lequel parlant du peuple d'Israël diuisé en

3. Reg. 12.
4. Reg. 17.

B la

Osée 10. la religion, disoit: *Diuisum est cor corum, nunc interibunt.* Leur cueur (dit il) est diuisé, maintenant ils periront: car Dieu rompra leurs symulachres, & destruira leurs Autels, & ils diront: *Non est rex nobis, non enim timemus Deum, & rex quid faciet nobis?* Nous n'auons point de Roy, nous ne craignons point Dieu, & que nous fera le Roy? Confusion prendra Ephraïm, & Israël sera cõfondu en sa volonté. Certes, Chrestiens, la cause prĩcipale, pourquoy les Royaumes, Cités & maisons viennent à ruine & desolation, (les diuisions precedentes) sont les offences & pechez contre Dieu. Car des lors que l'homme se sepa pare & diuise de Dieu, facilement ce qu'il a possedé, luy est osté, ou diuisé miserablement, côme il appert de Saul premier Roy des Iuifs: auquel, pour ses pechez, Dieu osta le Royaume, & le donna au petit Dauid, ainsi qu'il est escrit au premier liure des Roys, Chapitre quinziesme, & au premier Paralipom. chap. 10. Mais où seront les Roys de la terre, qui ne trembleront de peur, quand ilz entendent que Salomõ, auquel Dieu auoit dõné auec sapience tant de forces & de richesses: leql si long têps en grand honneur & triomphe auoit regné sur le peuple de Dieu, auoit edifié le têple tant ri-

1. des Rois 15.
1. Paral. 10.

3. Rois. 10.

B ij   che

che & magnifique, estoit craint de toutes nations estranges & barbares, deslors qu'il a delaissé son Dieu, en permettant que ses femmes se forgeassent des dieux selon leurs fantaisies & volontés, pour les adorer, Dieu se courouça contre luy, son Royaume fut diuisé : de sorte que son filz Roboan n'en eut que la moidre partie: car Ieroboan en tira à soy dix lignees, lesquelles il feit malheureusement idolatrer. Voila comme il aduient à tous Roys, Princes, Royaumes & Cités, qui delaissent Dieu, permettátz à vn chacun se forger telle idole que bon luy semble: c'est à dire, tenir telle religion, que sa fantasie lui pre-

presente. Et faut diligemmēt no-
ter par telz exemples, que si les Prou. 8.
Roys & Princes endurent telle
iniure estre faite à vn vray Dieu
(par lequel ils regnent) comme
de diuiser la robbe inconsutile,
& troubler le Royaume de Iesus Christ, qui est l'Eglise, par iu
ste iugement de Dieu leurs Royaumes seront diuisés, troublés &
brouillés: voire possible, leur sera dit ce que Samuel dit à Saul.
Scidit dominus regnū Israel à te ho- 1. Reg. 15.
die, & tradidit illud proximo tuo me-
liori te. Auiourd'huy (dit il) le seigneur t'a osté le Royaume d'Israël, & l'a donné à vn meilleur
que toy. Oyons ce qu'en dit le
prophete Amos, au chapi. 9. de *Amos. 9.*
sa

sa prophetie: *Ecce oculi domini dei super regnum peccans, & conteram illud à facie terræ.* Voici, dit il, les yeux du seigneur Dieu sur le Royaume pechant, & le briseray de la face de la terre. Par telles sentences nous voyōs clairemēt la parole de Iesus Christ estre tresveritable, disant que tout Royaume diuisé viendra à desolation. Et les Iuifs se condemnants par leur propre bouche, disoient que Sathan chassoit vn autre Sathan. Failloit donc conclure le Royaume de Sathā estre diuisé: parquoy estoit necessaire s'en retirer en toute diligence, & entrer au Royaume de IESVS Christ, qui est en parfaicte vniō,
car

car Iesus Christ n'est point diui-
sé, dit l'Apostre, mais est vn auec 1.Cor.1.
le Pere, & le saint Esprit. Vn mesme Dieu, vne mesme essence, vne
mesme diuinité: & vne mesme
volonté. Lequel aussi demande
vn peuple qui le serue en vnité,
sans aucune diuision. Dequoy
nous exhorte l'Apostre escriuant
aux Ephesiens, Chap. 4. *Solliciti* Ephes. 4.
seruare vnitatem spiritus in vinculo pa-
cis: vnum corpus, & vnus spiritus.
Estants, dit il, solliciteux de garder vnité d'esprit, au lien de paix,
vn corps & vn esprit, vn seigneur,
vne foy, vn baptesme, vn Dieu
& pere de tous. Et le prophete
Malachie au second chap. de sa
prophetie pour nous persuader
à

à garder vnion, nous met deuant les yeux, que n'auons qu'vn mesme pere & Dieu, disant: *Nunquid non pater omnium nostrum ? Nunquid non vnus Deus creauit nos ?* Assauoir dit il, si nous tous n'auōs vn mesme pere? Assauoir si vn mesme Dieu ne nous a point creés? Pourquoy donc, vn chacun desprise il son frere? Et voila pourquoy S. Paul en priant, desire que gardions vnité, disant aux Romains, chap. 15. *Deus autem patientiæ & solatii det vobis idipsum sapere in alterutrum, secundum Iesum Christum, vt vnanimes vno ore honorificetis Deum & patrem domini Iesu Christi*. Le Dieu de patience & de consolation, dit il, vous doint sentir vne mes-

Malac. 2.

Rom. 15.

mesme chose entre vous selon
Iesus Christ: afin que d'vn courage & d'vne bouche vous ho-
noriez Dieu & pere de nostre
seigneur Iesus Christ. Et à la pre
miere aux Corinthiens, chap. 1. *1.Cor.1.*
dit ainsi: Ie vous prie freres, par
le nom de nostre seigneur Iesus
Christ, que dites vne mesme cho
se enseble: & qu'il n'y ait point
de schismes enter vous. A ce
mesme propos. S. Irenée martyr
contre Valentin heretique liu.
quatries. chap. 62. dit ainsi: *Iudi-* *liu.4.ch.62*
cabit eos dominus, qui schismata ope-
ratur. &c. Le seigneur, dit il, iuge
ra les facteus de chismes, qui
sont cruelz, sans dilection, con-
siderans plus tost leur ytilité, que
 C l'vni

l'vnité de l'Eglise: lesquelz pour cause legere rompét & diuisent le grád & glorieux corps de Iesus Christ, & autant qu'en eulx est, le tuent: & parláts de la paix: font la guerre. Ceux de la primitiue Eglise sont grandemét louez és escritures diuines, par ce que la multitude d'iceux, qui croioiét, estoit d'vn cueur, & d'vne ame. Car, côme dit S. Cyprian au traité troisiesme de la simplicité des Prelats, La coulpe de discord est iexpiable, laquelle n'est purgée par passion. Les Iuifs ont bien experimenté, combien discord & diuision apportent de maulx, mesme au temps que nostre Seigneur regnoit. Et que

quel

Act.4.

quelque temps apres son ascension, ce qui leur dure iusques auiourd'huy. Car non seulement *S.Mat.22.*
estoient discordants en la loy,
mais aussi à payer le tribut à Ce- *S.Mat. 10.*
sar ou non, & receuoir ou reiet- *S.Iean. 10.*
ter le vray Messie & sauueur *Luc.7.*
du monde, aucuns disans qu'il *S.Matt.15.*
estoit bon : les autres l'appellans *& 21.*
demoniacle, amateur des publicains, & pecheurs, & grãd yurongne : autres meilleurs l'appelloient grand prophete : aultres,
fils de Dauid, estãt venu au nom *S.Iean. 9.*
de Dieu, *& schisma erat inter eos.*
Et y auoit diuision entre eux, de
sorte qu'vn iour entrant en Hierusalem toute la Cité fut troublée, disant : *Quis est hic ?* Qui est *S.Matt.12.*

C ij   ce-

cestuy-cy? Les peuples disoyét, icy est Iesus le prophete de Nazareth en Galilée. Autres disoyét, qu'il n'estoit homme de Dieu, veu qu'il ne gardoit le sabbat, estát par cela digne de mort. En fin la chose est venue si auát, qu'ilz l'ont voulu faire Roy, comme appert en S. Iean. chap.

S. Iean. 6. 6. Autres ont consulté & machiné pour le faire mourir: & au *S. Mat. 11.* lieu d'auoir le filz de Dieu en honneur, & le receuoir paisiblement, & de franc courage, comme le sainct des Saincts, ayás veu *Luc. 7.* tant de miracles, testifiás le téps *Mat. 11.* du Messie estre venu, predit par les prophetes, non seulement se sont endurcis, mais qui pis est, se
font

sont empirés, & comme gens
desquels parle le Prophete Eze- *Ezec.2.*
chiel au 2.chap.de sa prophetie.
Dura ceruice, & indomabili corde. *Matt.27.*
Matt.15.
De dure ceruelle & cueur indō- *Luc.23.*
Ioan.19.
table ont pēdu le filz de Dieu cō
fusiblement en vne Croix, à la
moquerie & derision du monde Et à haulte voix ont deman-
dé : vn seditieux & homicide,
Barrabas pour le faire viure *Luc.23*
auec eulx. Mais regardons ce
qu'il leur en est aduenu,& la ven
geance que Dieu a prins d'eux,
pour vn si meschāt acte commis
en la personne de l'innocent &
iuste contre la loy, qui dit en
Exode,cha.23.*Insontem & iustum* *Exod.23.*
non occides. Tu ne tueras l'inno-
C iiij   cent

cent & iuste. Aultant en dit le Prophete Hieremie au vingt-deuziesme chapitre: de sa pro-
Hier. 22. phetie: *Sanguinem innocentem (inquit) ne effundatis.* Ne rependés, dit il, le sang innocent. Mais iceux aians fait le contraire, sont du tout ruinés: car ilz ont perdu leur temple, peuple & Cité, ce qu'ilz estimoient bien garder
S. Iean. 11. en meurtrissant le filz de Dieu. Mais le contraire est aduenu, car ilz ont esté tellemét diuisés, que leurs propres ennemis en auoyent pitié & compassion, estant la guerre dedans la Cité entre les Citoiens, guerre deuát le temple par vn nommé Eleazarus, qui l'enuironnoit: vn nom

nommé Symon tenoit la haute partie de la ville, & vn aultre nommé Iean estoit au milieu, faisant la guerre à l'vn & à l'autre. Et pendant telle diuision, les Romains tenoient la ville assiegée en trois lieux. Et le tout se faisoit permetāt le iuste iugement de Dieu. Et ainsi iusques auiourd'huy les Iuifs sont diuisés par le mōde, sans Roys, sans Sacrificateurs, sans temple, & à la mocquerie de tout le monde, ainsi comme ils auoient moqué nostre sauueur Iesus Christ, lequel vn iour approchant de la Cité de Hierusalem, & cognoissant sa prochaine destruction, *Fleuit super eam.* S. Luc. 19. s. L

Il

Ioan.11.
Il ploura sur elle. Et toutefois les Iuifs meurtrissant le fils de Dieu, estimoient faire chose digne de louange, ou plustost le feingnoient, & vouloient estre tenuz, nonobstant leurs blasphemes & meschancetez, pour zelateurs de la loy, deffenseurs de la vraye religion & bien publique.

Matt.7.
Ioan.10.
Act.20.
Mais en fin, quand la robbe de brebis a esté ostée, c'est à dire, quand on a descouuert leurs simulations & hipocrisies, on les a trouué au dedans loups rauissans, ne pardonnans à la bergerie, mais la deuorans, mactans & dissipans, ayás toutefois ce mot de Loy tousiours en bouche, pour mieux couurir leur malice,

ce , ainsi comme tous heretiques, schismatiques, & faux prophetes ont accoustumé de faire & dire.

Mais si nous voulons passer plus oultre, & venir iusques à noz têps calamiteux, pour bien esplucher les grands maux que nous endurons par les diuisions il nous semblera &non sans cause, que les anciennes captiuités & guerres des Iuifs n'estoient que ieux, à comparaison des nostres. Car les Chrestiens qui deuroient estre tres-plus parfaits, que les Iuifs, sont tellemét desbordés, se forgeans chacun son idole, c'est à dire, secte & docteur, selon sa fantasie & priuée

D opi

opinion, qu'à bon droit pouuons dire auec le Prophete Isaie que la bonne vigne est tournée en amaritude.

Isaie.5.

Icy nous laissons la poursuitte de nostre texte, qui nous a demonstré toutes ruines & desolations venir par seditions & diuisions selõ la parole de nostre Seigneur Iesus Christ, pour poursuiure le propos commencé des miseres de nostre téps, qui conuiendra fort bien pour declarer la cause de ceste tát noble & grã de assemblée. Ie dy donc, que les priuées opinions, sectes & diuisions nous ont engendré diuerses factions pernicieuses, fardées toutefois du nom & tiltre de de religion, de sorte que le regne Chrestien est tellement divisé, qu'il semble aduis iceluy estre prochain de totalle ruine. Mais nous sommes grandement consolés par la viue parole de Dieu, laquelle nous promet Iesus Christ estre auec nous iusques à la consummation du monde, lequel parlant à saint Pierre, disoit : *Petre, rogaui pro te, vt non deficiat fides tua.* Pierre, i'ay prié pour toy, afin que ta foy ne faille. Et en S. Matthieu, chapit. 16. parlant de son Eglise, la dit estre si bien fondée, que les portes d'enfer n'auront victoire côtre elle. Par telles portes faut entendre les ruses de Sathan, tou-

S. Mat. 28.
Luc. 22.
S. Mat. 16.

tes faulces doctrines, heresies, tirannies, & autres persecutions, que l'Eglise, & les fidelles endureront, disant nostre seigneur en S. Iean chap. 16. *In mundo pressurā habebitis, sed cōfidite, ego vici mundū.* Et voila comment toute la vie de l'homme n'est autre chose en ce monde, qu'vne cōtinuelle bataille & guerre: & ne trouuera repos & contentement, iusques à ce qu'il ait pleine fruition de son Dieu, disant le Roy prophete au Psalme 16. *Satiabor, cùm apparuerit gloria tua.* Comme s'il eust voulu dire, le Royaume que tu m'as dōné, ny les richesses d'iceluy ne sont qu'vmbres & fumées passantes, desquelles mon es-

Ioan. 16.

Iob 7.

Psal. 16.

esprit ne peut estre contét, Mais (ô seigneur) ta gloire me contétera: laquelle ie desire estre auancée, me tourmentant & lamentāt de ce que mon voyage & peregrination est tant long, & disant tous les iours: *Heu me, quia incola-* *tus meus prolongatus est.* L'Apostre S. Paul n'en dit pas moins, lequel voiant la misere de ce mōde, & les calamités que l'homme endure en sa vie, tāt briefue, disoit escriuant aux Philippiens, cha. 1. *Desiderium habēs dissolui, & esse cum* *Christo.* Tout mon desir, dit il, est d'estre auec Iesus Christ. Et aux Romains chap. 7. *Infœlix ego homo, quis liberabit me de corpore mortis huius?* Moy miserable, qui me

Ps. 119.

Phili. 1.

Rom. 7.

deliurera de ce corps de mort? Ainſi les hommes de Dieu ne ſe ſont arreſtez aux choſes de ce monde trop baſſes, certes, pour y colloquer ſa felicité : mais par vertus & ſoubz l'obeiſſance du treshaut Dieu ont icy cheminé, comme entre eſpines fort poignantes pour paruenir aux biés celeſtes, qui ne faudront iamais.

Ie dy ces choſes pour môſtrer comme tresbien les a ſceu pratiquer feu de tresheureuſe memoire Monſeigneur, Monſieur FRANÇOIS DE LORAINE, Duc de Guyſe, Grand Maiſtre & Pair de FRANCE, lequel cependant que ſon corps eſtoit viuant ſur la terre, ſon eſprit eſtoit

estoit au ciel, ne craingnāt autre qu'vn seul Dieu, ainsi que ses œuures tesmoignent si viuement, qu'il n'y a homme viuāt (si donc n'est alienné de vertu & sain iugement) qu'il ne cōfesse qu'il a esté l'vn des plus vertueux, belliqueux & magnanime Prince, que nostre Europe ait porté de long temps. Que pleust à Dieu, ò peuple Chrestien, que la malice des hōmes par trop cruels & sans pieté, n'eut auancé les iours du fort d'Israël, qui tant estoit necessaire pour la Chrestienté en general, & en particulier pour le Royaume de FRANCE de toute ancienneté appellé treschrestien. Pleust à Dieu aussi, (ô mon

A Monseigneur le Duc.

Monseigneur) que l'occasion se fut offerte que n'eussiez commandé annoncer à ceste tāt genereuse, noble & populeuse assemblée, chose plus ioyeuse selon Dieu, & à tout homme de bien & amateur de vertu, que la mort d'vn tel & si grand Prince traitreusemēt auancée, au grād dommage & detriment de tous les bons. Mais, graces à Dieu que le traistre n'a sceu tuer q̄ le corps, car à la vertu, *quæ post funera viuit* qui apres la mort, vit, n'a sceu toucher aucunement:au moins qui le sceust cōuiancre de chose indigne de sa grādeur. Nonobstant, qu'il n'y a rien tant saint, vertueux & bon, que les calumnia niateurs n'attendét diffamer, ou pour le moins desguiser & obscurcir, mesme iusques à la personne de nostre sauueur & redépteur Iesus Christ. Mais tout cela n'est autre chose, que malediction aux méteurs, disant le prophete Isaie au 5. chap. *Væ, qui dicitis malum bonum, & bonum malum.* Malediction est à vous, dit il, qui dictes le mal estre bien, & le bié estre mal. Mais laissons les là, & retournós à ce Prince genereux, sorty de ceste haute, puissante & chrestiéne maisó de Lorraine, l'vne des plus nobles & genereuse de toute l'Europe, auec laquelle ont prins alliance les plus grands Roys & Empereurs

Isaie.5.

E de

de la Chrestienté. Ce que voyons auiourd'huy à l'œil ouuert, par l'Alteze de Madame, Niepce de tresuictorieux Empereur Charles Le quint, à qui Dieu face mercy: Et de Ferdinand auiourd'huy regnant, fille du Roy de Dannemarch, & mere de Monseigneur le Duc nostre souuerain Prince. Appert aussi par Madame, Madame Clavde de France, nostre souueraine Dame, fille & sœur des Roys treschrestiens, & tresfidele espouse de mondict Seigneur. Et afin que ie ne m'arreste à chose tant clere & cogneüe de tous, diray vn mot des dons & graces que nostre bon Dieu a fait a fait iusques auiourd'huy à ceste maison & peuple Lorrain. C'est que iamais d'icelle ne sortit vn Prince tiran, heretique ou traistre: qui est l'vne des plus belles benedictiõs, q̃ nous pourrions penser. Icy me souuiẽt du dire de nostre Seigneur, qui est tel: *Non est arbor bona, facies fructũ* S. Matt. 7. *malum.* Le bon arbre ne fait poït de mauuais fruit Ce que par la grace & bonté de Dieu, voyons aux fruits que nous ont produits les tresexcellens & fideles progeniteurs de noz Princes Lorrains, entre lesquels vous Mon- *A Monseigneur, par droit hereditaire* *seigneur.* & de primogeniture tenez le premier lieu de souueraineté.

E ij   Ce

Ce qui nous faict esperer, & non sans cause (voire q̃ desia en voyons tresclaire experience en vostre bõté & religieuse sincerité) choses dignes de vostre grãdeur & de Prince Chrestiẽ, cõme vray & infallible heritier non seulement des principautés & grandes seigneuries d'iceux voz progeniteurs: Mais aussi de leur naturelle bonté, foy & religion. Ce que maintenant n'est seulement requis, comme de coustume, mais aussi plus que necessaire, tant pour la conseruation de la foy & Eglise Catholique, comme des principautés, que Dieu a mis entre voz mains par sa bõté, & fidelité de voz progeniteurs

teurs. Lequel aussi les vous gardera, tant pour vous, que pour voz successeurs, si vous ne permettez ou endurez le Royaume de Iesus Christ estre dissipé, deschiré & mis par pieces. Ce qu'auiourd'huy la malice des temps & rebellion de plusieurs seditieux s'essorcét de faire: c'est à dire, ruiner l'Eglise de Dieu, & les puissances que Dieu a donné aux Roys & Princes, voire les Roys & Princes mesme. Ce que voyons à œil ouuert.

En premier lieu saccagement des Eglises & lieux saincts, prophanation des saincts Sacremés, meurtres des vrays pasteurs, intrusion des faulx prophetes, he-
E iij

resies au lieu de religion maintenues & defendues auec telle pertinacité, violence & cruauté, que non seulement les Euesques & pasteurs legitimes sont chassés arriere de leurs troupeaux par gens sanguinaires, pillants le monde, & se disants Euangelistes : mais aussi sont cruellement occis, le pauure peuple demeurant sans pasteurs, de sorte que ie puis dire auec le Prophete Micheas troisiesme liure des Roys chap. vingt deuziesme. *Vidi cunctum Israel dispersum in montibus quasi oues non habentes pastorem.* I'ay veu, dict il, tout le peuple d'Israël espars es montaignes, comme brebis n'ayans point

3. Reg. 22.

point de pasteur. Or de telle cruauté plus que bestiale ne sont exempts les bons fideles Princes & grandz Seigneurs, qui par cy deuant sont mortz pour resister à telles factions, & de fresche memoire appert par la mort de ce bon Prince Lorrain, Duc de Guyse: pour lequel auiourd'huy ceste tant noble & chrestienne compagnie est assemblée, afin que par noz prieres il soit aidé, ou plustost que soyons aidez par les siennes: car la cause (qui faict le martyr & non la peine,) pour laquelle on l'a traitreusement tué, est la tuitiõ & defence des deux Rois & deux royaumes (voire de tout le Christianisme) asçauoir du Roy celeste nostre sauueur Iesus Christ, & de son Royaume, qui est l'Eglise acquise au pris de son digne & precieux sang, regie & gouuernée par le ministere du sainct Esprit, fondée sur le fondement des Prophetes & Apostres, dicte Catholique, Apostolique, vne, & saincte, qui sont les marques de l'Eglise de Dieu, auec deuë administration de la parole de Dieu, & des saincts Sacremens. Et ce qui n'est Catholique, Apostolique, vne & saincte, ne peult estre dicte vraye Eglise: ains plustost secte & confusion. Car combien que les sectateurs diuisez se vatent d'auoir la vraye Eglise,

Act.20.

Ephe.4.

Eglise, comme ceux, *qui se dicunt* Apoc. 2.
Apostolos, & non sunt, Qui se disent Apostres, & ne le sont pas:
Mais la Synagogue de Satā, pour laquelle empescher, & defendre la vraye Eglise, cruellement assaillie, est certain que ce bon Prince ait prins les armes, non toutefois de son autorité priuée, ains soubz le Roy treschrestien Charles nenuiesme de ce nom, soubz aage & pupile. Auquel plusieurs de ses villes, estās desia retirées de son obeissance, voire iusques à soustenir le Canon, contre leur propre & naturel Roy, ce Prince luy a rendues obeissantes, qui est acte digne de perpetuelle louange &
F   gloi-

gloire, tant pour luy que pour sa posterité. Car à meilleure cause on ne pourroit prendre les armes, que pour la defence du Royaume, de Iesus Christ & d'vn Roy pupile, comme il n'y a chose plus pernicieuse & mauuaise, que de s'armer contre Iesus Christ & son Royaume. Et aussi contre vn Roy pupile & treschrestien, & son Royaume. Car Dieu dict en la loy, Exode. 22. *Viduæ & pupillo non nocebitis.* Vous ne ferez nuisances, dict il, à la vesue ny au pupille. Et le Prophete Oseas en sa prophetie, chapitre 14. dict: *Eius qui in te est, misereberis pupilli.* Tu auras dict il misericorde du pupille. Et mil autres

Exod.22.

autres passaiges, que ce bon Duc
de Guyse tresfidele à son Roy, &
à tout le Royaume, a pratiqué,
hazardant sa personne à tous
perilz & dangers, comme vn autre Ionathas, auec le peuple d'Israel: ou comme vn Iudas Ma- 1.Mac.II.
chabeus, lequel voyāt la prochai
ne destruction de Dieu, si reme-
de n'estoit donné de bonne heu
re, *Ipse primus sumptis armis cæteros* 2.Mac.II.
adhortatus est simul secum periculum subire, & ferre auxiliū fratribus
suis. Tout le premier ayant prins
les armes, pour empescher les
aggresseurs aduersaires de Dieu
& de son peuple, exhortoit
les autres d'entrer au peril auec
luy, & donner aide à leurs freres.

F ij   Ain-

Ainsi a faict nostre bon Machabée: car il a prins les armes, pour dôner secours à l'Eglise de dieu, au Roy, & à tout le peuple Catholique, desia au grād dāger de leur salut & vie. Mais les mauuais, ausquelz toutes choses bōnes despaisent, ont dit de luy cōme iadis vn Symon disoit du bō & loyal Onias, l'appellant insidiateur, combien qu'il fust vray emulateur & defenseur de la loy & du peuple. Quoy voyant ledict Onias, & que les inimitiez augmentoyent de iour en iour, par la folie & temerité dudict Simon, voire iusques à venir aux meurtres & homicides, se retira vers le Roy, nō comme accusateur

2. Mac. 3.

teur des Citoyens, mais pour la cõmune vtilité, voyant que sans la prouidence Royale estoit impossible rendre les choses paisibles, & faire cesser les folles entreprises dudict Symon. Certes ce bon Duc de Guyse n'a rien moins faict pour le bien public, asseurance du Roy, trãquilité du Royaume, correction des ennemis d'iceluy, & rédre les choses paisibles. Mais les aduersaires, pour mieux couurir leurs entreprinses, telles que tout le monde voit, à son tresgrand regret & dommage, ont faict ainsi qu'vn nommé Alcimus, duquel l'escriture parlant au second liure des Machabées ch. 14. dit qu'iceluy, 2. Mac. 14.

F iii   Al-

Alcimus attendant te̅ps opportun, pour se venger d'vn bon Capitaine Iudas Machabę́, vn iour estant appellé au conseil par le Roy Demetrius, haragua en ceste sorte: Ceux, dit il, qui sont appellez maistres asside̅s des Iuifs ausquels preside Iudas Machabæus, nourrissent les guerres, & esmeuuent seditions, & ne permette̅t le Royaume estre tra̅quile. Et peu apres: Car par leur malice tout nostre peuple est gra̅deme̅t vexé. *Et qua̅diu superest Iudas, impossibile est pace̅ esse negotiis.* Et cependa̅t dit il, que Iudas Machabæus viura, est impossible que nous viuions en paix. Aultant en disoit Saul à Ionatas son filz
contre

contre Dauid, comme appert au premier liure des Roys chapitre vingtiesme. *Omnibus diebus* 1. Reg. 20. *inquit, quibus filius Isai vixerit super terram, non stabilieris tu, neque regnum tuum.*

Cependant, dit il, que le filz d'Isai, asçauoir Dauid, viura sur la terre, tu ne pourras estre estably, ny ton Royaume aussi. Mais à quoy par telles fraudulentes & similées paroles tendoyent Alcimus & Saul, sinon l'vn faire tuer Iudas Machabæus, & l'autre Dauid? Et voila le moyen, qu'on a tenu contre nostre Dauid & Machabée, FRANÇOIS DE LORRAINE, zelateur de la saincte

cte loy & sacrez décrets des Maieurs & peres. Ce pendant disent ils, que le Duc de Guyse viura, le Roy ne sera asseuré, le Royaume n'aura point de paix, appellans leurs factions telles, que tout le monde cognoit, paix & repos: & toutefois sont tragedies de façon si estrage, qu'il n'y a homme, de quelque qualité qu'il soit, voire iusques aux grãs Rois & Princes, qui puisse trouuer repos ou asseurance en quelque lieu que ce soit. On deuoit penser, me semble, & auec maturité aduiser (si Dieu & raison eussent trouué lieu) si ce Prince auoit commencé à changer la religion: chose, certes, de si grande de importãce, que cela ne peult estre faict sans changemét & perdition de Royaume, ou pour le moins sans grands troubles, seditions, & sang humain respandu. Ce que l'experiéce nous móstre, au grand regret de tous les bons. On deuoit penser aussi, & bien poiser, quelz biés & seruices les Roys Treschrestiens, & leur Royaume, auoyét reçeu de luy, & quel besoing on en pourra auoir à l'aduenir, deuant que d'executer ou faire executer vn si meschant acte, comme le tuer en traison. Mais quoy? Haine & enuie ne permettent considerer la fin des choses: mais tendent seulement à ruiner celuy qui

G mieux

mieux par ses vertuz ait merité du bien public. Ie ne feray icy lõg discours de ses vertuz & victoires: car cela est tant reçeu, qu'il est impossible l'ignorer, mesme que le tesmoignage des autres nations, contre lesquelles il a mené la guerre, pour le seruice du Roy, est si clair & public, qu'ilz cõfessent tous, qu'il a esté l'vn des plus vaillãs aux armes, & vertueux en meurs, qu'on ait veu de plusieurs siecles: de sorte qu'aucuns non de mediocre qualité, ne font difficulté de le mettre & celebrer au renc des Preux, & en faire le dixiesme, & prochain du bon Godefroy de Buillon son bon & tressidel deuanuancier. La France certes a bien experimenté ses vertuz, tant en repoulsant ennemis, comme les assaillant tresviuement. A il pas mené, par le commandemét du Roy, vne grande & puissante armée en Italie, pour executer gráds faits, s'il eust esté secondé, ainsi qu'il estimoit? Et voyant qu'il estoit frustré de cela, ramena neantmoins (donnant gráde merueille à tous, pour les difficultés accoustumées) son camp en France, auec petite perte des siens. Et aussi tost qu'il fut ariué, voire quasi auant qu'on s'en apperceust, auoit desia prins la ville de Calais en l'obeissance du Roy, laquelle par l'espace de

G ij deux

deux cens ans ou enuirõ les Anglois dits anciens ennemis de France, auoyent detenue. Et cela fut executé si soudain, qu'il pouuoit dire: *Veni, vidi, vici.* Ie suis venu, i'ay veu, i'ay vaincu tout ensemble. Auec ce grand Capitaine des Romains Iules Cesar. Et qui vouldra autre tesmoignage de sa vertu, foy & loyauté vers les Roys Treschrestiens, l'Empereur Charles Le quint l'vn des plus vaillans qui ait esté depuis Charlemaigne, en pourra donner bõ tesmoignage, tant pour Renty que siege de Mets, ville pour le iourd'huy tresfort rempart pour le Royaume. Mais qui ne sçait, que la ville & Chasteau de Thionuille estoit imprenable, selon le iugement de tous: & neantmoins ce fort Duc Lorrain l'a reduitte aux fins de se rendre au Roy, plus par force, que par composition? Ie laisse mil autres grãds faictz plus que heroïques (en la derniere bataille gaignée aupres de Dreux) que ce Prince a faict par le seruice des Roys Treschrestiens. Et si la malice des hõmes ne les eust aueuglé, & qu'ilz eussent mis deuant leurs yeux la plus petite partie de ses merites, iamais n'eussent attenté de faire mourir si obliquement, & par tant sinistres moyens, celuy, duquel la France auoit reçeu tant de biẽs.

G iij Et

& les Roys tant de seruices. Si donc ne vouloiét laisser soupçó à plusieurs, qu'ils ne sont amis de la France, ny bons seruiteurs des Roys. Ce que toutes leurs forces n'auroient si tost osté de la pensée des hommes, que les hommes mesmes. Et si nous voulons esplucher de plus pres comment on a procedé pour le faire mourir, il ne faut que regarder à la confession du cruel meurtrier, auquel pour le present (puis qu'ainsi l'a confessé se condamnant de sa propre bouche) pouuons reietter la faulte, car ores qu'il eust receu argent (comme il dit) si est-ce qu'en ce fait il a obserué toute la maniere re de Iudas à la traison de nostre sauueur & redempteur Iesus Christ. Iudas print argent pour liurer Iesus Christ: cestuy en a prins pour tuer ce bon Duc de Guyse. Iudas pour plus facilement commettre sa traison, baisa nostre seigneur en signe d'amitié: & cestui-cy en a il moins fait, disant faintement à celuy, qu'il vouloit tuer, qu'il s'estoit venu rendre à luy, & qu'il se repentoit d'auoir si long téps porté les armes contre le Roy? O traitreuse simulation semblable à celle de Iudas, auquel nostre seigneur dit: Amy Iudas, à quoy es tu venu? Et ce bon Duc dit: Amy tu sois le bien venu. Somme

S. Mat. 26.

me qui voudra esplucher l'affaire selon la confession du meurtrier, on ne trouuera martyr, à la mort duquel on ait cherché moyés plus prochains des moyens de la mort de Iesus Christ, qu'à la mort de ce Prince. Car à la mort de l'vn & de l'autre il y a vendeurs & acheteurs, il y a les faulx docteurs, chacun abusant de la loy : car les Iuifs ont dit : *Nos habemus legem, & secundum legem debet mori.* Nous auons vne loy, disent ilz, & selon la loy il doit mourir. Et se voulans iustifier deuant Pilate, disoiēt: *Si hic nõ esset malefactor, non tibi tradidissemus eum.* S'il n'estoit mal faicteur, nous ne l'eussions liuré

Ioan.19.

Ioan.18.

liuré. Ainsi ce meurtrier a presté l'oreille aux docteurs, qui se disent Euangeliques, & predicateurs de l'Eglise reformée (ainsi se glorifiēt ils de ce beau tiltre) Lesquels luy ont dit, ainsi que sa deposition porte, q̃ ce seroit vn grand biē de tuer ce Prince, & que s'il n'estoit malfaiteur, on ne le poursuiuroit poīt à mort. Et q̃ le tuer, estoit acte digne de louäge, promettāt vie eternelle. O Chrestiens voyez combien est differente telle doctrine à celle de Iesus Christ, & de ses Apostres. Nostre seigneur dit. Si tu S. Matt. 19. veux entrer en la vie, garde les cōmandemens. l'aduersaire dit. Pour auoir paradis il fault que

H   tu

tu tues le Duc de Guyse. O homme perdu, Dieu a il pas dit en sa saincte loy. *Non occides.* Tu ne tueras point. S. Iean au desert, a dict: Faictes penitence, & le Royaume de Dieu s'approchera. Et tu dis: Tue, & le royaume de Dieu te sera donné. Que si quelqu'vn dit, qu'il ne fault croire la deposition d'vn traistre, & que ceux qu'il charge, sont innocés, ie les prie ne se tant aimer eulx mesmes, que de vouloir oster la liberté aux autres de dire sa cõfession estre veritable en tout, comme eux mesmes croyent & disent que le traistre a tué ce Prince, qui est vne partie de sa deposition. Or pour ne donner oc-

Exod. 20.
Deut. 5.
S. Matt. 3.

occasion aux mal affectez de ca-
lumnier nostre presente orai-
son, en ce que i'ay dit ce Prince
auoir esté traité inhumainemét,
& qu'on auoit tenu la forme &
manière de proceder à sa mort,
cōme à celle de Iesus Christ: &
que ie le fais semblable à nostre
seigneur, ie respond que ce n'est
mon intention, ny l'intétion de
ce Prince, leql n'est Iesus Christ,
mais seruiteur fidel de IESVS
Christ. Et vsant des termes de
l'escriture, ie diray pour fai-
re fin, qu'il est *Particeps in tribu-* *Apoc.1.*
latione, & regno, & patiētia in Chri-
sto Iesu. Participant en tribula-
tion, regne & patience auec-
ques Iesus Christ, ne faisant
H ij   com-

comparaiſon de ſa perſonne à la perſonne de Ieſus Chriſt, mais de la malice des aduerſaires de ce Prince aux ennemis de Ieſus Chriſt, & de la maniere de proceder de l'vn & de l'autre. Et ainſi les bons vous ſont touſiours perſecutés par les mauuais. Et me ſouuient auoir leu en pluſieurs hiſtoires, que du temps du Roy CHARLEMAIGNE eſtoit vn nommé Gannes qu'on dit communement Gannelon, lequel eſtoit ſi vſité à cōmettre traiſons, qu'il fit preſque tuer tous les Princes Chreſtiens. Et pour le iourd'huy nous n'en voyons rien moins, veu qu'vne grāde partie des Prīces & grāds

Seigneurs du Royaume Treschrestien, par l'astuce & malice d'aucuns sont tués & meurdris. Et voila comme d'vn mauuais arbre sortent mauluais fruits, desquels Dieu par sa sainte grace nous vueille garder,& conseruer le peuple chrestié, en vraye vnió, paix & tráquillité. Et pour tout ce nous le supplierons deuotement, disans.

Tó sacré Royaume ô sauueur Iesus Christ, soit establi & confirmé en noz cœurs, sans que iamais soyons diuisés d'iceluy. Donne nous la grace d'y demeurer à iamais pour ioyr des gracieux fruits d'iceluy, puis que par ta misericorde no' en a faits heri-

heritiers. Nous defirós aufsi que
par ton doigt, qu'eſt le benoiſt
ſaint eſprit, ta ſainte volonté &
loy ſoit eſcrite en nos cœurs,
pour accomplir les deſirs de ta
ſacrée maieſté. Deliure nous
des cruelz calumniateurs &
meurtriers de noz ames, & de
nos corps: par ce que ne ſçauons ce qui eſt caché dedans
leurs cœurs, comme tu ſçauois la penſée des Scribes &
Phariſiens: & par ainſi ne pouuons eſtre deliurez de leurs
machinations, ſinon que tu
prennes noſtre querelle & iuſte
cauſe, comme la tienne propre: Las Seigneur, accourcis
leurs bras, couppe leurs mains
ſan-

sanguinolentes, afin que le sang des iustes ne soit ainsi respandu, comme despitans ta grãdeur, authorité & puissance infinies. Donne nous constance, force & iustice, pour resister à tous ceulx qui veulent destruire ton Royaume, abbaisser ta maiesté, aneátir tes sacrez cõmandemens, & occir ceux qui portent ta querelle. Las Seigneur, monstre nous ta face, & nous serons sauuez: noz ennemis visibles & inuisibles s'enfuiront, voyans que tu es nostre protecteur & defenseur.

Et ce pendant de nostre costé moyennant ta grace, ferons deuoir de chasser Sathan & ses
sup-

suppostz hors de noz limites, afin que le peuple soit guary & deliuré, ainsi comme toy sauueur Iesus, deliuras le possessé, nononstant le murmur de tous les aduersaires. Ce qu'ainsi esperons faire, par ta grace, à ta gloire perpetuelle.
Amen.

FIN

www.ingramcontent.com/pod-product-compliance
Lightning Source LLC
LaVergne TN
LVHW021739080426
835510LV00010B/1298